BEI GRIN MACHT SICH IHR
WISSEN BEZAHLT

- Wir veröffentlichen Ihre Hausarbeit,
  Bachelor- und Masterarbeit

- Ihr eigenes eBook und Buch -
  weltweit in allen wichtigen Shops

- Verdienen Sie an jedem Verkauf

Jetzt bei www.GRIN.com hochladen
und kostenlos publizieren

Herleitung der Lösungsformel für quadratische Gleichungen (Mathematik Klasse 8, Gymnasium)

Elena Jung

Bibliografische Information der Deutschen Nationalbibliothek:

Die Deutsche Nationalbibliothek verzeichnet diese Publikation in der Deutschen Nationalbibliografie; detaillierte bibliografische Daten sind im Internet über http://dnb.d-nb.de abrufbar.

ISBN: 9783389018460
Dieses Buch ist auch als E-Book erhältlich.

Druck und Bindung: Books on Demand GmbH, Norderstedt Germany
Gedruckt auf säurefreiem Papier aus verantwortungsvollen Quellen

Das vorliegende Werk wurde sorgfältig erarbeitet. Dennoch übernehmen Autoren und Verlag für die Richtigkeit von Angaben, Hinweisen, Links und Ratschlägen sowie eventuelle Druckfehler keine Haftung.

Das Buch bei GRIN: https://www.grin.com/document/1470056

Schriftlicher Unterrichtsentwurf

1. Allgemeine Angaben

Fach	Mathematik
	2. Unterrichtsbesuch

Thema der Unterrichtseinheit	Quadratische Gleichungen
Thema der Unterrichtsstunde	Herleitung der Lösungsformel für quadratische Gleichungen

2. Ausarbeitung des Unterrichtsentwurfs

1. Analyse der Unterrichtsvoraussetzungen

Das XXX ist ein ländliches Gymnasium und liegt zwischen Heilbronn und Karlsruhe. Insgesamt besuchen 950 SchülerInnen die Schule. Das XXX ist ein G8 Gymnasium, an dem die SchülerInnen ihr Abitur in 12 Jahren absolvieren.

Die Klasse 8e besteht mit 26 Schülerinnen und 5 Schülern zum Großteil aus Mädchen im Alter zwischen dreizehn und vierzehn Jahren, somit befinden sich die SchülerInnen in der Hochphase der Pubertät. Mit 31 SchülerInnen stellt sie auch die Größte Klasse der Schule dar. Es ist eine Leihklasse, die ich seit ca. 3 Wochen kenne und mir für den Lehrprobenzeitraum, von meinem Mentor, geliehen habe. Zum Kennenlernen habe ich diese Klasse im Vorfeld der Lehrprobe zwei Mal unterrichtet.
Die Unterrichtsstunden finden regulär montags in der zweiten, dienstags in der fünften sowie donnerstags in der dritten und vierten Stunde in Präsenz statt. Ausnahmsweise wird diese Woche auch am Freitag Unterricht stattfinden. Der Raum ist mit einem Smartboard und zwei Kreidetafeln ausgestattet. Falls es der Unterricht erfordert, kann ein Visualizer ausgeliehen werden.

Das Klassenklima ist freundlich, die Haltung der SchülerInnen untereinander ist kooperativ und der Umgangston innerhalb des Unterrichts kann als höflich angesehen werden. Die geistige und körperliche Entwicklungsstufe der Schüler ist wie auch der allgemeine Kenntnisstand dem Alter angemessen.
Das Leistungsvermögen der Klasse ist breit gestreut. Die SchülerInnen sind meist in der Lage, dem Unterrichtsgeschehen im Gesamten inhaltlich zu folgen. Es gibt keine SchülerInnen, die durch absolute Spitzenleistungen auffallen. Viele sind eher zurückhaltend und melden sich selten aktiv von selbst. Wenn sie jedoch von der Lehrkraft aufgerufen werden können sie, im einfachen und mittleren Schwierigkeitsgrad, in der Regel sinnvoll zum Unterrichtsgeschehen beitragen.
Da die Klassenleistung nicht homogen ist, ist binnendifferenzierter Unterricht während der Übungsphasen notwendig. Das „Mittelfeld" der Klasse beteiligt sich je nach „Tagesform" unterschiedlich stark am Unterricht und die Klasse weist insgesamt eine schwache Bereitschaft zur mündlichen Mitarbeit auf. Auch wenn Schülerbeiträge des Öfteren fehlerbehaftet sind, führen sie meist dennoch zu richtigen Ergebnissen.

Gearbeitet wird mit dem Buch: Lambacher Schweizer 8, herausgegeben vom Klett Verlag. Thematisch liegt diese Stunde im Themenbereich Quadratische Gleichungen, welche auf dem Themenbereich Quadratische Funktionen aufbaut, der vor dieser Einheit unterrichtet wurde.

In den vergangenen Stunden wurden Gleichungen der Form $a \cdot x^2 + bx = 0$ und
$a \cdot (x - d)^2 + e = 0$ eingeführt und behandelt. Auch wurde die Umwandlung der allgemeinen Form einer Parabelgleichung in die Scheitelform, was eine Voraussetzung für diese Stunde ist, wiederholt.

2. Fachwissenschaftliche Analyse

Eine Quadratische Gleichung ist eine Gleichung mit einer Variablen x, die sich durch Äquivalenzumformung in die allgemeine Form

$$a \cdot x^2 + bx + c = 0$$

mit $a, b, c \in \mathbb{R}$ und $a \neq 0$ bringen lässt. Falls $a = 0$ ist handelt es sich um eine lineare Gleichung. Die Lösung dieser Gleichung lässt sich durch das Auflösen nach x, anhand der Formel

$$x_{1,2} = \frac{-b \pm \sqrt{b^2 - 4ac}}{2a}$$

bestimmen. Umgangssprachlich wird diese Formel als „Mitternachtsformel" bezeichnet, da „Schüler sie aufsagen können sollen, selbst wenn man sie um Mitternacht weckt und nach der Formel fragt"[1]. Es gibt zwei Wege die Formel zu beweisen, durch quadratische Ergänzung oder durch Umformen der allgemeinen Gleichung in die Scheitelform.

Beweis mithilfe der Scheitelform

1. Allgemeine Form $y = a \cdot x^2 + bx + c$ in die Scheitelform umformen:

1.1 Verschobene Parabel $y = a \cdot x^2 + bx$

1.2 Nullstellen der verschobenen Parabel: $a \cdot x^2 + bx = x(ax + b) = 0$, also $x_1 = 0; x_2 = -\frac{b}{a}$;

1.3 Scheitel der ursprünglichen Parabel: $x_S = \frac{0 - \frac{b}{a}}{2} = -\frac{b}{2a}; y_S = a \cdot \left(x + \frac{b}{2a}\right)^2 - \frac{b^2}{4a} + c$

2. Aufstellung der Gleichung:

$$a \cdot \left(x + \frac{b}{2a}\right)^2 - \frac{b^2}{4a} + c = 0 \qquad | + \frac{b^2}{4a} - c$$

$$\Leftrightarrow \quad a \cdot \left(x + \frac{b}{2a}\right)^2 = \frac{b^2}{4a} - c \qquad | : a$$

$$\Leftrightarrow \quad \left(x + \frac{b}{2a}\right)^2 = \frac{b^2}{4a^2} - \frac{c}{a}$$

$$\Leftrightarrow \quad \left(x + \frac{b}{2a}\right)^2 = \frac{b^2 - 4ac}{4a^2}$$

$$\Leftrightarrow \quad x + \frac{b}{2a} = \pm \frac{\sqrt{b^2 - 4ac}}{2a} \qquad | - \frac{b}{2a}$$

$$\Leftrightarrow \quad x = -\frac{b}{2a} \pm \frac{\sqrt{b^2 - 4ac}}{2a}$$

$$x_1 = \frac{-b + \sqrt{b^2 - 4ac}}{2a}; \quad x_2 = \frac{-b - \sqrt{b^2 - 4ac}}{2a}$$

Der Term $b^2 - 4ac$ heißt Diskriminante D. Die Diskriminate entscheidet über die Anzahl der Lösungen der quadratischen Gleichung:

Fall 1: D > 0, die quadratische Gleichung hat 2 Lösungen $\mathbb{L} = \{-\frac{b}{2a} \pm \frac{\sqrt{D}}{2a}\}$.

Fall 2: D = 0, die quadratische Gleichung hat genau eine Lösung $\mathbb{L} = \{-\frac{b}{2a}\}$.

Fall 3: D < 0, die quadratische Gleichung hat keine Lösung, $\mathbb{L} = \{ \}$.

---

[1] [3] S. 14

3. Didaktische Analyse

Der didaktische Schwerpunkt der Stunde liegt im Problemlösen im engeren Sinne, da die SchülerInnen ein Verfahren zur Bestimmung einer Lösungsmenge entwickeln sollen.

Da in der Mathematik und Ihren Anwendungen viele Probleme mit Gleichungen gelöst werden, nehmen diese dort einen wichtigen Platz ein. Es können sowohl lineare als auch nichtlineare Gleichungen sein.

Stellung der Stunde

Das Thema der Stunde ist das Herleiten der Lösungsformel für quadratische Gleichungen, welches Teil der Unterrichtseinheit Quadratische Gleichungen ist. Diese Unterrichtseinheit baut auf der Unterrichtseinheit Quadratische Funktionen auf, welche direkt vor dieser Einheit unterrichtet wurde. In den vergangenen Stunden wurden folgende Themen behandelt:

Datum	Thema
29.03.2022	Gleichungen der Form $a \cdot x^2 + bx = 0$
04.04.2022	Gleichungen der Form $a \cdot (x - d)^2 + e = 0$
08.04.2022	Herleitung der Lösungsformel für quadratische Gleichungen
08.04.2022	Anwendungsaufgaben

In der nächsten Stunde untersuchen die SchülerInnen die Diskriminante und damit die Anzahl möglicher Lösungen und bearbeiten danach Anwendungsaufgaben.

Aufbau der Stunde

Der Einstieg soll zum kognitiven Konflikt führen, da eine Gleichung mit bekannten Mitteln nicht lösbar ist. Dies soll die SchülerInnen motivieren, das allgemeine Verfahren zum Lösen quadratischer Gleichungen zu entwickeln.

Der didaktische Schwerpunkt der Stunde liegt im *Beweisen* sowie im *Problem lösen* (vgl. Bildungsplan, prozessbezogene Kompetenzen), da die SchülerInnen die Herleitung der Lösungsformel aus der allgemeinen quadratischen Funktion entwickeln/nachvollziehen sollen. In der letzten Stunde wurde die Umwandlung der Normalform in die Scheitelform wiederholt, was die SchülerInnen benötigen, um den ersten Teil des Beweises herzuleiten. Dabei werden drei Sachen notwendig: Nullstellen berechnen, Faktorisieren und der Satz vom Nullprodukt.

Eine Reduktion des Schwierigkeitsgrades erfolgt durch das Vorgeben eines Beispiels mit festen Werten für a, b und c welche die SchülerInnen dann in die allgemeine Form transformieren sollen.

Im zweiten Teil erfolgt die Herleitung der Lösungsformel mithilfe von Äquivalenzumformung der transformierten Scheitelform. Die hergeleitete Formel wird anhand eines Beispiels und durch Durchführung einer Probe für die Gleichung überprüft und anschließend erfolgt eine Sicherung in Form eines Tafelanschriebs.

In der nächsten Stunde wird die Diskriminante untersucht und auf die Anzahl der Lösungen analysiert.

Vorwissen

Um die Herleitung der Lösungsformel zu entwickeln und nachzuvollziehen, ist folgendes Vorwissen erforderlich:

(1) SchülerInnen können die Nullstellen von Funktionen berechnen

(2) SchülerInnen kennen den Satz vom Nullprodukt

(3) SchülerInnen können die Normalparabel in die Scheitelform umwandeln

(4) SchülerInnen können mit Variablen umgehen

Das Thema Quadratische Ergänzung bereitete vielen SchülerInnen Schwierigkeiten und wird aus diesem Grund nicht für die Herleitung der Lösungsformel verwendet.

Darstellung der Herausforderungen des Themas

Es können folgende Verständniserschwerungen auftreten:
- Die korrekte Durchführung einer Äquivalenzumformung mit Variablen.

- Warum aus einer Variablen x zwei Variablen x_1 und x_2 werden und was das Rechenzeichen $\pm$ bedeutet

Schulbüchervergleich

Beim Vergleich der Darstellung dieses Themas in verschiedenen Schulbüchern fällt auf, dass im Buch „Lambacher Schweizer" vom Klett-Verlag 2016[2] die Herleitung der Lösungsformel auf der Verschiebung der Parabel basiert. Wogegen im Buch „Lambacher Schweizer" vom Klett-Verlag 2001[3] eine quadratische Ergänzung verwendet wird. Dadurch, dass die Verschiebung der Parabel einfach zu visualisieren ist und damit intuitiver, habe ich mich in dieser Klasse für ich diese Methode entschieden.

4. Kompetenzen und Ziele

Die Kompetenzen und Ziele richten sich nach dem Bildungsplan des Gymnasiums BW in der Fassung von 2016.

Inhaltsbezogene Kompetenzen (Leitidee Zahl-Variable-Operation)

Die Schülerinnen und Schüler können:

Gleichungen lösen[4]
(21) die Lösungen einer quadratischen Gleichung mithilfe einer Formel bestimmen

Inhaltsbezogene Kompetenzen (Leitidee Funktionaler Zusammenhang)

Die Schülerinnen und Schüler können:

Mit quadratischen Funktionen umgehen[5]
(13) die allgemeine Parabelgleichung $y = a x^2 + b x + c$ mithilfe funktionaler oder algebraischer Überlegungen in die Scheitelform überführen

Prozessbezogene Kompetenzen

Bei den Prozessbezogenen Kompetenzen bezieht sich diese Unterrichtsstunde überwiegend auf *Argumentieren und Beweisen und Problemlösen.*

Argumentieren und Beweisen[6]
(10) Beweise nachvollziehen und wiedergeben

Probleme lösen[7]
(10) das Problem auf Bekanntes zurückführen oder Analogien herstellen

---

[2] [1] S. 153
[3] [1] S. 107
[4] (1) ibK 3.2.1, S. 24-25
[5] (1) ibK 3.2.4, S. 27-28
[6] (1) pbK, 2.1 S.11
[7] (1) pbK, 2.2 S.12

Zentrale Unterrichtsziele für die konkrete Stunde
Die Schülerinnen und Schüler sollen…
(1) die allgemeine Parabelgleichung in Scheitelform umwandeln.
(2) die Herleitung der Lösungsformel für die quadratische Gleichung nachvollziehen.
(3) die Lösungsformel anwenden können.

5. Methodische Konsequenzen
Der Einstieg in die geplante Stunde erfolgt durch Aktivierung des Vorwissens, über quadratische Gleichungen. Es wird kurz das bereits behandelte, aus dem Kapitel „quadratische Gleichungen", wiederholt. Dazu wird eine Folie mit 6 Gleichungen gezeigt, von denen die SchülerInnen eine noch nicht lösen können. Dieser Einstig soll die SchülerInnen motivieren, eine neue Strategie für die Lösung allgemeiner quadratischer Gleichungen zu entwickeln.

Im Gegensatz zur Aktivierung von Vorwissen wäre ein Alternativer Einstieg, der Problemorientiert und Alltagsbezogen ist, denkbar. Dieser ließe sich anhand eines Anwendungsbeispiels „Wasserturmspringer", wobei verlangt wird die Nullstellen der Bewegungsparabel zu bestimmen, durchführen.

Um die Lösungsformel herzuleiten, habe ich mich für die Ich-Du-Wir Methode entschieden. Die Herleitung besteht dabei aus zwei Teilen. Der erste Teil ist die Verschiebung der allgemeinen Form und anschließend die Umformung in die Scheitelform. Dieser Teil findet in Einzelarbeit (Ich-Phase) statt. Hier benutze ich das Prinzip von der Speziellen zur Allgemeinen Form. Die SchülerInnen bearbeiten ein Beispiel mit festen Werten für die Variablen a, b und c und sollen es auf eine allgemeine Gleichung mit beliebigen Werten für a, b und c im Teil 2 übertragen. Die Ich-Methode ist hier sinnvoll, da bekannte Vorgänge direkt auf eine neue Formel übertragen werden können. Dies nimmt Bezug auf die inhaltsbezogene Kompetenzen 3.2.4 (13)

Die gewonnenen Erkenntnisse werden aus dem ersten Teil im Plenum besprochen. Da der Beweis anspruchsvoll ist und zum Lernwiderstand führen kann, habe ich mich hier für ein Beweispuzzle entschieden, welches ein spielerisches Element beinhaltet und so von den SchülerInnen einfacher nachvollzogen werden kann.

Die Wir-Phase erfolgt in der Ergebnissicherungsphase, in der die SchülerInnen ihre Erkenntnisse der Du-Phase dem Plenum vorstellen. Anhand eines Beispiels wird getestet, ob die Lösungsformel tatsächlich die gewünschten Lösungen liefert. Anschließend erfolgt eine Sicherung in Form eines Tafelanschriebs, bei dem die Lösungsformel festgehalten wird.

Alternativ zur Ich-Du-Wir Methode könnte dieses Thema auch in ganz Gruppenarbeit erarbeitet werden. Aufgrund der eher trägen Klassenkonstellation, speziell in Gruppenphasen, wäre diese Methode sehr Zeitintensiv. Da die SchülerInnen in Einzelarbeit effektiver Arbeiten und damit nicht beide Herleitungen in Gruppen erarbeiten, habe ich mich für die Ich-Du-Wir Methode entschieden.

Der alternative Beweis basiert auf quadratischer Ergänzung und umgeht somit die Scheitelform. Dieser Beweis erfordert sehr gute Kenntnisse in quadratischer Ergänzung und ist nicht intuitiv.

Anschließend wird die gewonnene Lösungsformel an Beispielen anwenden (Buch, S.154 Nr 1 c, g), dies nimmt Bezug auf die inhaltsbezogene Kompetenzen 3.2.1 (21).,
Für die Hausaufgabe eignet sich Seite 154 Nr.1(Rest) aus dem Buch und Seite 53 Nr. 2 aus dem Arbeitsheft, jedoch ohne die Diskriminanten Betrachtung.

6. Literatur
[1] Lambacher Schweizer 8 BW, Klett Verlag 2016
[2] Lambacher Schweizer 9, Klett Verlag 2001
[3] Guido Walz: Gleichungen und Ungleichungen. Springer, 2018

Internetquellen:

(1) http://www.bildungsplaene-bw.de/,Lde/LS/BP2016BW/ALLG/GYM/M

7. Anhang

a) Tabellarischer Verlaufsplan (45 min)

Zeit	Unterrichts- Phase	Verhalten, Aktivität der Lehrkraft Unterrichtsinhalt	Erwartete Schüler*innentätigkeit	Methode, Sozialform	Medien, Material
	Begrüßung				
5	Einstieg	Vorstellung des Problems „Welche Gleichungen kannst du lösen, welche nicht?"	S. beobachten, erkennen das Problem und sammeln die Ideen, um das Problem zu lösen	Plenum	Folie 1
10	Erarbeitung I	Erarbeitung einer Lösungsstrategie, Teil 1, Hilfekarten	S. erarbeiten eine Lösungsstrategie	EA	AB 1
5	Sicherung I	Besprechung der Lösung vom Teil 1 L. moderiert die Besprechung L:" wie löst man diese Gleichung?"	S. stellen die Ergebnisse vor S. beteiligen sich an der Lösung	Plenum	Visualizer, Smart-Board
10	Erarbeitung II	Herleitung der Lösungsformel für quadratische Gleichungen (Mitternachtsformel)- Teil 2	S. erarbeiten Arbeitsblatt 1	PA	AB2- Puzzle
7	Sicherung II	Besprechung der Lösung L. moderiert die Besprechung + Tafelanschrieb	S. stellen die Ergebnisse vor S. beteiligen sich an der Lösung	Plenum	Visualizer Tafel
7	Vertiefug + Puffer*	Anwendungsaufgaben	S. sollen die Aufgabe bearbeiten	EA	Smart-Board, Buch S.154 c) g), * S. 155 Nr. 6
1	Zusammenfassung		S. fassen die wichtigsten Punkte zusammen	Plenum	
	HA				Seite 154 Nr.1(Rest) Arbeitsheft, Seite 53 Nr.2

b) Folie 1

Welche quadratischen Gleichungen kannst du lösen?

$x^2 = 25$

$x^2 - 8x = 0$

$x \cdot (x - 4) = 0$

$(x - 4)^2 - 25 = 0$

$x^2 = -4$

$2x^2 - 4x + 6 = 0$

Arbeitsblatt 1

Herleitung der Lösungsformel- Teil 1

Will man die Schnittstellen der Parabel mit der Gleichung $y = 2x^2 - 4x - 6$ mit der x-Achse berechnen, löst man die quadratische Gleichung $2x^2 - 4x - 6 = 0$.

Umformung in die Scheitelform

1. Verschieben der Parabel, so dass $x_1 = 0$ eine Nullstelle ist:

2. Nullstellen der verschobenen Parabel berechnen:

3. x-Wert des Scheitels der ursprünglichen Parabel bestimmen:

4. y- Wert des Scheitels der ursprünglichen Parabel bestimmen:

5. Scheitelform angeben:

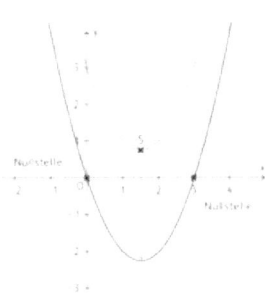

Lösung

Will man die Schnittstellen der Parabel mit der Gleichung $y = 2x^2 - 4x - 6$ mit der x-Achse berechnen, löst man die quadratische Gleichung $2x^2 - 4x - 6 = 0$.

Umformung in die Scheitelform

1. Verschieben der Parabel, so dass $x_1 = 0$ eine Nullstelle ist:
$$y = 2x^2 - 4x$$

2. Nullstellen der verschobenen Parabel berechnen:
$$2 \cdot x^2 - 4x = 0$$

also $x_1 = 0$, $x_2 = 2$

3. x-Wert des Scheitels der ursprünglichen Parabel bestimmen:
$$x_S = \frac{0+2}{2} = 1$$

4. y- Wert des Scheitels der ursprünglichen Parabel bestimmen:
$$Y_S = 2 \cdot (1)^2 - 4 \cdot (1) - 6 = -8$$

5. Scheitelform angeben:
$$y = 2 \cdot (x - 1)^2 - 8$$

Arbeitsblatt 2

PUZZLE

Lösungsformel für quadratische Gleichungen

Finde die richtige Reihenfolge.

---

x-Wert: $x_S = \dfrac{0 \quad b}{2} = -\dfrac{b}{2a}$

y-Wert: $y_S = a \cdot \left(-\dfrac{b}{2a}\right)^2 + b \cdot \left(-\dfrac{b}{2a}\right) + c$

$= \dfrac{b^2}{4a} - \dfrac{b^2}{2a} + c = -\dfrac{b^2}{4a} + c$

Berechne die Schnittstellen der Scheitelform mit der x-Achse:

Losungen:

$x_1 = \dfrac{-b + \sqrt{b^2 - 4ac}}{2a} \; ; \; x_2 = \dfrac{-b - \sqrt{b^2 - 4ac}}{2a}$

Berechne den Scheitel der ursprünglichen Parabel:

Damit erhalten wir eine verschobene Parabel der Form:

$y = ax^2 + bx$

$\Leftrightarrow \qquad \left(x + \dfrac{b}{2a}\right)^2 = \dfrac{b^2 - 4ac}{4a^2} \qquad | \cdot$

$\Leftrightarrow \qquad x + \dfrac{b}{2a} = \pm \dfrac{\sqrt{b^2 - 4ac}}{2a}$

$\Leftrightarrow \qquad x = -\dfrac{b}{2a} \pm \dfrac{\sqrt{b^2 - 4ac}}{2a}$

Scheitelform: $y = a \cdot \left(x + \dfrac{b}{2a}\right)^2 - \dfrac{b^2}{4a} + c$

Berechne die Schnittstellen mit der x-Achse:

Allgemeine Form $y = ax^2 + bx + c$ in die Scheitelform umformen.

$a \cdot \left(x + \dfrac{b}{2a}\right)^2 - \dfrac{b^2}{4a} + c = 0 \qquad | + \dfrac{b^2}{4a} - c$

$\Leftrightarrow \qquad a \cdot \left(x + \dfrac{b}{2a}\right)^2 = \dfrac{b^2}{4a} - c \qquad | : a$

$\Leftrightarrow \qquad \left(x + \dfrac{b}{2a}\right)^2 = \dfrac{b^2}{4a^2} - \dfrac{c}{a} \qquad | T$

$x \cdot (ax + b) = 0$

Nach dem Satz vom Nullprodukt ist dann $x_1 = 0$ und $x_2 = -\dfrac{b}{a}$.

Arbeitsblatt 2- Lösung

PUZZLE

Lösungsformel für quadratische Gleichungen

Finde die richtige Reihenfolge.

Allgemeine Form $y = ax^2 + bx + c$ in die Scheitelform umformen.

Damit erhalten wir eine verschobene Parabel der Form:
$$y = ax^2 + bx$$

Berechne die Schnittstellen mit der x-Achse:

$$x \cdot (ax+b) = 0$$

Nach dem Satz vom Nullprodukt ist dann $x_1 = 0$ und $x_2 = -\frac{b}{a}$.

Berechne den Scheitel der ursprünglichen Parabel:

---

x-Wert: $x_S = \dfrac{0 + b}{2} = -\dfrac{b}{2a}$

y-Wert: $y_S = a \cdot \left(-\dfrac{b}{2a}\right)^2 + b \cdot \left(-\dfrac{b}{2a}\right) + c$

$ = \dfrac{b^2}{4a} - \dfrac{b^2}{2a} + c = -\dfrac{b^2}{4a} + c$

Scheitelform: $y = a \cdot \left(x + \dfrac{b}{2a}\right)^2 - \dfrac{b^2}{4a} + c$

Berechne die Schnittstellen der Scheitelform mit der x-Achse:

$\Leftrightarrow \qquad \left(x + \dfrac{b}{2a}\right)^2 = \dfrac{b^2 - 4ac}{4a^2} \qquad | \cdot \sqrt{}$

$\Leftrightarrow \qquad x + \dfrac{b}{2a} = \pm \dfrac{\sqrt{b^2 - 4ac}}{2a} \qquad | - \dfrac{b}{2a}$

$\Leftrightarrow \qquad x = -\dfrac{b}{2a} \pm \dfrac{\sqrt{b^2 - 4ac}}{2a}$

$ \quad a \cdot \left(x + \dfrac{b}{2a}\right)^2 - \dfrac{b^2}{4a} + c = 0 \qquad | + \dfrac{b^2}{4a} - c$

$\Leftrightarrow \qquad a \cdot \left(x + \dfrac{b}{2a}\right)^2 = \dfrac{b^2}{4a} - c \qquad | : a$

$\Leftrightarrow \qquad \left(x + \dfrac{b}{2a}\right)^2 = \dfrac{b^2}{4a^2} - \dfrac{c}{a} \qquad | T$

Lösungen:

$x_1 = \dfrac{-b + \sqrt{b^2 - 4ac}}{2a} \; ; \; x_2 = \dfrac{-b - \sqrt{b^2 - 4ac}}{2a}$

---

b) Hilfekarten, Aufgabe 2- GA:

Schritt 1

Verschiebe die Parabel um -c
in y-Richtung

Schritt 2

1.Faktorisieren
2.Satz vom Nullprodukt

Schritt 3

Mittelwert

c) Tafelbild

$$\underline{L\ddot{o}sungsformel\ f\ddot{u}r\ quadratische}$$
$$\underline{Gleichungen}$$

Eine quadratische Gleichung in allgemeiner Form $a x^2 + b x + c = 0$, $a \neq 0$
hat die Lösungen:

$$x_{1/2} = \frac{-b \pm \sqrt{b^2 - 4ac}}{2a}$$

$\underline{Bsp:}\quad x^2 - 5x + 6 = 0$

$$x_{1/2} = -\frac{(-5) \pm \sqrt{(-5)^2 - 4 \cdot 1 \cdot 6}}{2 \cdot 1} = \frac{5 \pm \sqrt{1}}{2}$$

$\underline{L\ddot{o}sungen:}\quad x_1 = 3 \ ; \ x_2 = 2$